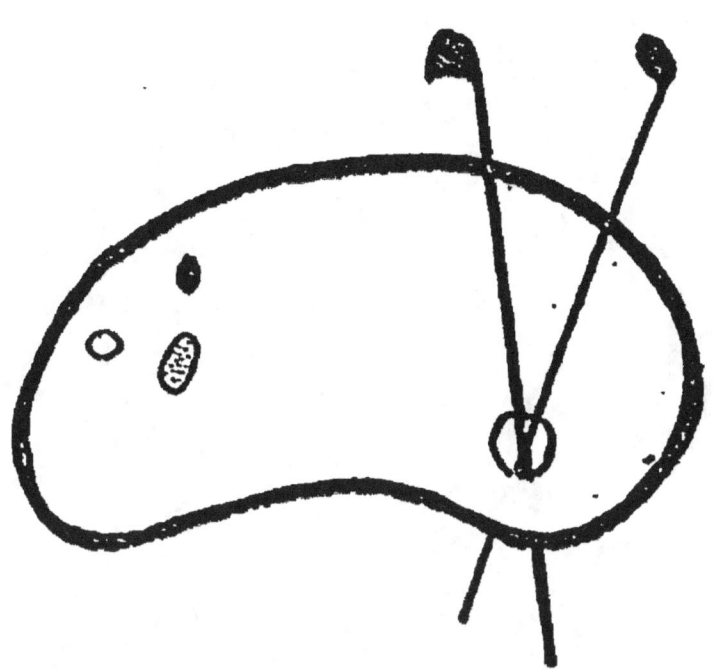

DEBUT D'UNE SERIE DE DOCUMENTS EN COULEUR

6 - 8 mai 1824

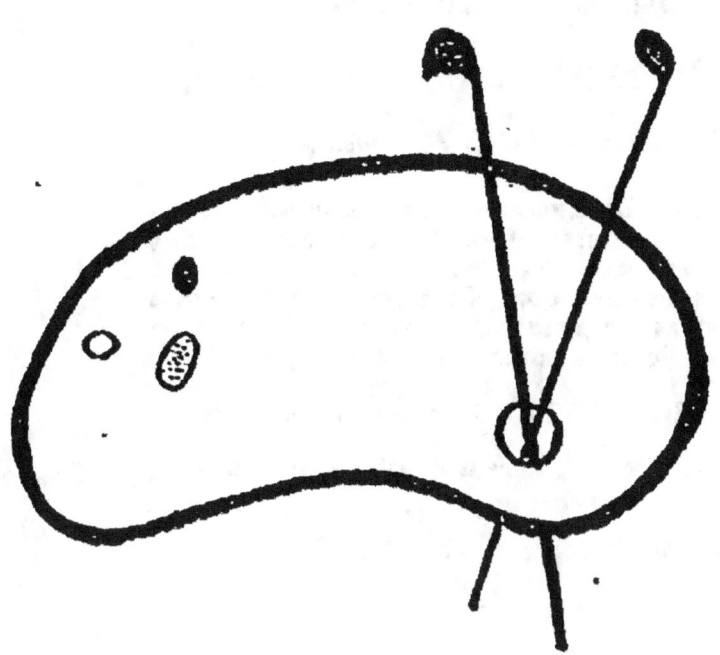

FIN D'UNE SERIE DE DOCUMENTS
EN COULEUR

CATALOGUE
DES TABLEAUX

COMPOSANT LE CABINET

DE FEU M. HÜE (JEAN-FRANÇOIS),

Peintre du Roi et de l'Académie.

ÉTUDES PEINTES, DESSINS ENCADRÉS, DESSINS EN PORTEFEUILLE, CROQUIS, GRAVURES, OBJETS D'ART, CHEMINÉES EN MARBRE, BRONZES, TERRES CUITES, CAMÉES, BAGUES ANTIQUES, PLATRES, BOSSES, LIVRES ET USTENSILES DE PEINTRE, TELS QUE NÉCESSAIRES CHEVALETS, BOÎTES A COULEURS EN ACAJOU, etc. etc.

QUI SERONT VENDUS A L'ENCHÈRE

Le jeudi 6, vendredi 7, samedi 8 mai et jours suivans, heure de midi,

Rue du Faubourg du Temple, n° 9.

L'exposition publique aura lieu les dimanche 2, lundi 3, mardi 4 et mercredi 5 mai, depuis midi jusqu'à quatre heures.

Se distribue à PARIS,

CHEZ { M° DADAN, commissaire-priseur, rue Guénégaud, n° 25;
M° RIANT, notaire, rue des Filles Saint-Thomas, n° 13;
M™° veuve HUE, rue du Faubourg-du-Temple, n° 9.

1824.

NOMS DES PEINTRES

COMPRIS DANS LE PRÉSENT CATALOGUE.

Albane.
Andrianen.
Artois (Van).
As (Van).
Asselin.
Bakuisen.
Bent (Vander).
Berg (Van).
Berlin.
Bloom (Van).
Boht (d'Italie).
Boulogne.
Bourdon.
Bout (Pierre).
Bout et Boudewins.
Brakemburg.
Brakenkamp.
Braor.
Breemberg (Bartholomé).
Caffre.
Carrache (Louis).
Carrache.
Carrache (Annibal).
Carle-Marate.
Claude Lorain.
Coffer.
Cuyp Albert.
Deker.
Demarne.
Derner (Van).
Develde (Van).
Dow Gérard.
Glaubert.
Goyen (Van).
Herman (d'Italie).
Hire (Laurent de la).
Huntorst Gérard.
Hüe (Jean François).
Karel-du-Jardin.
Lantara.
Lauri (Philippe).

Maria (Christi).
Martin (de Saint).
Maumerce.
Meulen (Vander).
Michel-Ange (de Carravage).
Miel (Jean).
Mieris (Van).
Motte.
Murillo.
Ostade (Adrien Van).
Ostade (Jean Van).
Pannini (Jean-Paul).
Patel.
Poussin.
Poussin (Guaspre).
Rembrandt.
Rikar (David).
Rotten-Hamer.
Rubens.
Ruisdael (Salomon).
Salsoferate.
Stella.
Suager.
Sueur (le).
Taillasson.
Tilborh.
Teniers (David).
Under-Koter.
Valentin.
Vanache.
Vatto.
Veeninx.
Verandal.
Vernet (Joseph).
Vende-Vif.
Wolfert (B.).
Wouvermans.
Wouvermans.
Wouvermans (jeune).
Zacaro.

AVERTISSEMENT.

Dans la rédaction du présent catalogue : 1° Les maîtres ne sont pas classés par école, mais inscrits par lettres alphabétiques. 2° On s'est rigoureusement abstenu de tout détail, de toute description, là où il n'y avait pas absolue nécessité, et l'on n'a fait d'exception que pour les tableaux les plus capitaux; encore est-ce un sacrifice à l'usage. Ici ces sortes de précautions étaient parfaitement inutiles. Il s'agit du cabinet d'un peintre célèbre, d'une collection toute du choix d'un artiste profondément instruit dans son art, et qui n'a pas mis à la former, moins de quarante années de sa vie (monsieur Hüe y avait employé la presque totalité de sa fortune). On peut donc être assuré qu'il ne s'y trouve rien de médiocre; et, chose assez rare, et pourtant fort importante, que tous les tableaux sans exception sont originaux. Le talent bien reconnu du peintre, sa longue expérience, et l'étude approfondie qu'il avait faite du genre et de la touche de chaque maître, ne laissent là-dessus aucun doute, et les amateurs peuvent acheter en toute confiance.

Aucun tableau étranger au cabinet de M. Hüe, et autre que ceux inscrits sur le présent catalogue, ne fera partie de la vente, comme aussi aucun ne sera vendu séparément. De cette manière l'amateur qui aura fait choix d'un ou de plusieurs tableaux les verra paraître à la criée, et son attente ne sera pas déçue, comme cela arrive quelquefois.

L'exposition aura lieu, au domicile même de l'artiste, les dimanche 2, lundi 3, mardi 4, et mercredi 5 mai, de midi à quatre heures.

NOTICE.

Hüe (Jean-François) naquit à Saint-Arnould près Chartres, en l'année 1751. Fort jeune encore, dominé par l'amour des arts, il abandonna la maison paternelle, où ses inclinations étaient entravées, et vint à Versailles, et de là à Paris, où il se livra tout entier à la peinture. M. Silvestre, maître de dessin des enfans de France, prit plaisir à suivre ses progrès, qui furent si rapides, que l'académie qui avait couronné ses premiers essais l'admit dans son sein à l'âge de 27 : ans faveur insigne qu'il ne dut qu'à l'éminence de son talent, et dont il est peut-être l'unique exemple. Le grand Vernet avoit depuis deux ans terminé sa glorieuse carrière, et la magnifique collection des ports de France qu'il avait entreprise par ordre du gouvernement demeurait incomplète. M. Hüe, alors conseiller de l'académie, fut jugé digne de lui succéder et d'achever ce grand et bel ouvrage : il a justifié pleinement ce choix honorable, et ses tableaux ne perdent rien de leur prix auprès de ceux de Vernet qui ornent la galerie du palais du Luxembourg. Ce parallèle, qui pourrait ternir un talent moins beau, est trop honorable à M. Hüe pour qu'il soit besoin d'ajouter quelque chose à son éloge [1].

Élève de la nature, on peut dire qu'il n'a jamais eu d'autre maître; bien qu'il avouât lui-même devoir beaucoup aux conseils de Lantara qui l'affectionna d'une manière toute particulière, et envers qui il s'est montré reconnaissant. Mais, comme Lantara, il était né peintre, et son génie n'aurait pu se renfermer dans les entraves d'un faire quelconque qui n'eût pas été le sien : aussi n'appartient-il à aucune école. Il s'est créé un genre qui lui est propre, où plutôt son genre est la nature telle qu'elle l'inspire. Ses tableaux ont une vigueur et une vérité de ton qui les distinguent entre tous les tableaux modernes et les placent à côté de ceux des plus grands maîtres. L'air y circule, et l'âme de l'artiste y est toujours empreinte : car, chose digne de remarque, dans les arts, le sentiment fait tout; on n'apprend pas plus à être peintre, qu'on apprend à être poëte, ou orateur. On pourra bien tracer des lignes, mélanger des couleurs d'après certaines règles, comme on pourra former un plan de discours, construire quelques périodes, les arranger dans un certain ordre, sans être pour cela ni peintre ni orateur. Le plus grand peintre, le plus

[1] Extrait d'une notice sur les ports de France, par J. Vernet et J.-F. Hue, par M. P.-A. M***.

grand poëte est celui qui a le mieux senti. De là vient que les hommes supérieurs dans un art quelconque, presque sans exception, font peu de cas de tout ce qui n'est pas lié d'une manière plus ou moins directe à l'art qu'ils professent : c'est que leur esprit absorbé par une seule chose, regarde le reste avec indifférence ou mépris. Leur vie c'est leur art : les honneurs, la fortune ne les touchent que faiblement : la gloire est leur chimère favorite; aussi ont-ils presque tous été pauvres.

M. Hüe sans être de ces derniers, ne s'est jamais élevé au delà de l'honnête aisance. Né dans un siècle ami des arts, il eut le bonheur, au commencement de sa carrière, de trouver un protecteur généreux dont le souvenir lui fut cher jusqu'au dernier moment et sera toujours cher à sa famille. Trop homme de bien, il fut victime de nos dissensions civiles. Ce fut lui qui procura à l'artiste les moyens d'aller étudier à Rome. Quelque temps après son retour, M. Hüe, nommé membre de l'académie, appelé à succéder au grand Vernet, honoré du titre de peintre du Roi, admis avec bienveillance chez les grands, vit un instant la fortune lui sourire; mais un peintre songea-t-il jamais à la fortune! tout entier à son art, il ne fit sa cour à aucun Mécène. La révolution arriva avec toutes ses horreurs, il perdit le peu qu'il avait amassé; son talent seul lui resta; il fut sa ressource et sa consolation.

M. Hüe passa au milieu de tous les orages, traversa les différens gouvernemens qui se succédèrent, sans avoir compromis un seul instant le beau titre de Français, ni cette noble indépendance, caractère distinct de l'homme de bien, et particulièrement de l'artiste; et quand la France gémissait courbée sous le despotisme d'un homme qui avait envahi toutes ses libertés, il ne sacrifia point à l'idole. Aussi l'ancien peintre de Louis XVI, l'ancien académicien dont les tableaux, monumens publics, étaient exposés aux regards de l'Europe, à côté de ceux du grand Vernet, ne fut ni peintre de l'Institut, ni membre de la légion d'honneur. Sans doute sa réintégration eût été un des actes du gouvernement du roi. Mais déjà vieux, retiré du monde depuis long-temps et en quelque sorte sous la main de Dieu qui devait bientôt l'appeler à lui, son âme était devenue entièrement indifférente pour tout ce qui n'était pas son art. Il avait délaissé le monde, le monde le délaissa, et le corps d'un grand homme ne fut accompagné à sa demeure dernière que de sa nombreuse famille éplorée, à qui il laisse avec très-peu de fortune le poids d'un grand nom à soutenir et beaucoup de vertus à imiter.

CATALOGUE
DES TABLEAUX

COMPOSANT LE CABINET

DE FEU M. (HUE Jean-François)

PEINTRE DU ROI ET DE L'ACADÉMIE.

ALBANE.

1. Les trois Marie visitant le tombeau. Belle esquisse terminée du grand tableau du même maître. Figures de 10 pouces sur toile, 21 pouces de largeur sur 31 de hauteur. Encadré.

2. Une sainte famille. Sur toile collée sur carton. 14 p. sur 11. Encadré.

ANDRIANEN.

3. Une carpe dans un bassin de cuivre sur une table de cuisine, et d'autres poissons. Ce tableau, du plus beau fini, est frappant de vérité. Sur bois. 24 p. sur 17. Encadré.

ARTOIS (Van).

4. Paysage, avec petites figures. Vue étendue. Sur toile. 23 p. sur 18. Encadré.

AS (Van).

5. Plusieurs vases placés sur une table couverte d'un riche tapis, fleurs et autres objets. Sur toile. 30 p. sur 38. Sans cadre.

ASSELIN.

6. Un antre de rocher avec figure et échappée de paysage. Sur bois. 9 p. sur 7. Encadré.

BAKUYSEN.

7. Une tempête de mer. Nombreuses figures. Tableau très-précieux, un des plus finis du maître. Sur bois. 18 p. sur 15. Encadré.

BENT (Vender).

8. Paysage, avec figures d'animaux. Site pittoresque; belle composition. Sur le devant, au bord d'un fort ruisseau, sont des vaches, un taureau, des moutons et une chèvre groupés avec art. Le ruisseau traverse le paysage et coule sous un vieux pont jeté d'une espèce de ferme, ou château ruineux qu'ombragent des arbres touffus. Ce tableau, plein de jolis détails, est d'une touche savante et d'un très-beau faire. Sur toile. 40 p. sur 34. Encadré.

9. Paysage. Animaux ; figures principales. Au pied d'une montagne, sur une pelouse, près d'un ruisseau entre des rochers sont des bœufs, des chèvres et des moutons ; de grandes plantes ornent le

devant de ce tableau semé de détails intéressans. Sur toile. 27 p. sur 33. Encadré.

BERG (Van).

10. Paysage orné de divers animaux. Sur toile. 12 p. sur 9. Encadré.

BERTIN.

11. Petite marine de forme ronde; soleil couchant, avec figures. Jolie copie d'après Claude Lorain. Sur bois. Diamètre 7 p. et demi. Encadré.

12. Pendant. Paysage, avec figures d'animaux, copie d'après Claude Lorain, sur bois, même grandeur, même bordure.

BLOOM (Van).

13. Une place publique ornée de beaux édifices riches d'architecture, avec figures variées d'hommes et d'animaux. Sur le devant sont des fauconniers et un groupe de mulets d'assez grande dimension. Figures principales; tableau très-capital du maître. 53 p. sur 44. Sans cadre.

BOHT (d'Italie).

14. Paysage, soleil couchant d'automne, avec figure, jolie compositio. Sur bois. 17 p. sur 14. Encadré.

BOULOGNE.

15. Tableau allégorique représentant la Poésie,

la Musique et la Comédie. Sur toile. 55 p. sur 35. Sans cadre.

BOURDON.

16. Tableau d'intérieur représentant des Flamands jouant aux cartes. Sur toile. 19 p. sur 23. Encadré.

17. Intérieur de corps-de-garde. Sur toile. 19 p. sur 23. Encadré.

BOUT (Pierre).

18. Tableau représentant des marchands de poissons sur le bord de la mer. Sur bois. 16 p. sur 11. Encadré.

BOUT ET BOUDEWINS.

19. Joli petit paysage, orné d'animaux. Soleil couchant. Sur bois. 11 p. sur 8. Encadré.

BRAKENBURG.

20. Scène flamande. Nombreuses figures. Joli tableau. Sur bois. 15 p. sur 12. Encadré.

21. Pendant, même sujet. Scène flamande. Sur bois. 15 p. sur 12. Encadré.

BRAKLENCAMP.

22. Une mère endormie sur le berceau de son enfant. Sur bois. 20 p. sur 17. Encadré.

BRAOR.

23. Deux fumeurs assis devant une mauvaise table, sur de mauvais petits bancs ; à côté d'eux

est une cruche. Tableau plein d'expression, d'une belle touche et d'un beau fini, mais un peu endommagé. Sur bois. 11 p. sur 9. Encadré.

BREEMBERG (Bartholomé).

24. Sujet tiré de l'Histoire sainte. Achab, par l'ordre d'Elie, a fait assembler les enfans d'Israël sur le mont Carmel. Les prophètes de Baal sont convaincus d'imposture. Le peintre a choisi le moment du sacrifice. Ce tableau, riche de composition et de détails, et du fini le plus précieux, et en même temps le plus capital du maître, ferait l'ornement du Musée royal. Sur bois. 34 p. sur 26. Riche bordure.

25. Joli petit tableau sur cuivre, représentant des ruines et un intérieur de tombeau, avec figures. 8 p. sur 6. Encadré.

26. Petit tableau sur cuivre, représentant des ruines avec échappée de paysage ; figures d'hommes et d'animaux. 5 p. sur 4. Encadré.

CAFFRE.

27. Intérieur de cuisine. Ce petit tableau, d'un fini précieux, est frappant de vérité. Sur bois. 10 p. sur 7 et demi.

CARRACHE (Louis).

28. Petit tableau peint sur agathe, représentant le martyre de saint Laurent. 4 p. sur 3. Encadré.

29. Saint Sébastien attaché à un arbre et le bras percé d'une flèche, un peu au-dessus de nature. Ce

tableau, tant pour la beauté du dessein que pour la vigueur du pinceau et du coloris, est sans contredit un des plus beaux du maître, conviendrait parfaitement ou pour une église, ou pour un musée. Sur toile. 45 p. sur 63. Encadré.

CARRACHE.

30. Tête de Madelaine priant devant un crucifix. Magnifique d'expression. Sur toile. 15 p sur 19. Encadré.

31. Paysage; figure principale : un homme presque nu, dans un état complet de dénuement, ayant un genou en terre et tenant quelques glands dans sa main. Sur toile. 24 p. sur 27. Encadré.

CARRACHE (Annibal).

32. Des petits pauvres montés sur une estrade ; grandeur naturelle. Ce tableau, tout d'effet, convient pour un musée. Sur toile. 45 p. sur 63. Sans cadre.

CARRACHES (école des).

33. Paysage; figures principales : à l'ombre de grands arbres dont les branches chargées de draperies forment une espèce de tente, est une nappe d'eau limpide dans laquelle se joue un groupe de baigneuses; une d'entre elles à qui un aigle a saisi un voile, lutte contre l'oiseau ravisseur après lequel aboie un chien placé à droite sur le devant du tableau. Sur toile. 53 p. sur 44. Encadré.

CARLE-MARATTE.

34. Tableau très-capital du maître. Sujet de

Diane et Actéon, paysage par Gouaspre Poussin. Convient parfaitement pour un musée royal ou pour une riche galerie. Sur toile. 54 p. sur 71. Belle bordure.

CLAUDE LORAIN.

35. Petit tableau sur cuivre, de forme ronde; paysage, soleil couchant, figures d'animaux. Diamètre 7 p. Encadré.

COFIER.

36. Esquisse terminée, sujet de Rebecca. Sur toile. 14 p. sur 11. Encadré.

CUYP (Albert).

37. Sujet d'animaux; deux vaches, deux moutons sur un monticule. Joli tableau; sur bois. 13 p. sur 10. Encadré.

DEKER.

38. Paysage avec fabrique, traversé d'une rivière et orné de figures. Sur bois. 24 p. sur 18. Encadré.

DEMARNE.

39. Embarcation sur mer pour une partie de plaisir. Nombreuses figures. Ce tableau est d'une grande fraîcheur et un des plus beaux du maître. Sur bois. 28 p. sur 17. Encadré.

40. Paysage. Belle étude d'après nature, terminée avec soin; petites figures d'hommes et d'animaux. Sur toile. 17 p. sur 14. Encadré.

41. Pendant. Paysage représentant un site sau-

vage; étude d'après nature. Sur toile. Même grandeur, même bordure.

DERNER (Van).

42. Un clair de lune au moment d'un incendie; nombreuses figures. Tableau d'une grande vigueur de ton et d'un fini très-précieux. Sur bois. 18 p. sur 13 et demi. Encadré.

43. Petite marine, soleil couchant. Sur bois. 6 p. sur 9 et demi. Encadré.

DEVELDE (Van).

44. Petit paysage de forme ronde; figures principales: une femme fait boire une vache, à côté est une chèvre et son petit chevreau. Ce tableau est d'une finesse exquise. Sur bois. Diamètre 8 p. Encadré.

DOW (Gérard).

45. Un vieillard se chauffant, esquisse terminée. Sur bois. 11 p. sur 15. Encadré.

GLAUBERT.

46. Joli petit tableau de forme longue, paysage; figures principales: au pied d'un rocher, près d'un monument, un berger, la tête ornée de feuillage, semble s'entretenir avec son chien, tandis que ses moutons paissent devant lui à l'aventure. Allusion aux idylles de Virgile. Sur toile. 13 p. sur 7. Petit cadre.

47. Charmant paysage, figures d'hommes et d'animaux, d'une touche délicate et d'une grande finesse de ton. Sur toile. 15 p. sur 13. Encadré.

GOYEN (Van).

48. Petite marine sur bois. 10 p. sur 8 et demi. Encadré.

HERMAN (d'Italie).

49. Grand paysage, soleil couchant. Belle composition sur toile. 37 p. sur 30. Encadré.

HIRE (Laulent de la).

50. Tableau capital du maître, représentant la Justice et la Paix qui s'embrassent; avec cette inscription : *Justitia et Pax osculatæ sunt*. Les deux figures, d'assez grande dimension, sont assises sur une pierre près d'une fontaine, surmontée d'un vase en partie brisé, et à l'ombre d'arbres touffus. Des moutons paissent à leurs côtés. Sur toile. 27 p. sur 19 et demi. Encadré.

51. Saint Jérôme dans l'intérieur d'un antre, avec échappée de paysage. Le saint est représenté moitié nu, vêtu d'un simple manteau, en méditation devant un crucifix, et tenant la main sur un livre appuyé contre une tête de mort. A côté est son écritoire; une grosse pierre lui sert de table. A terre sont plusieurs gros volumes. Esquisse terminée du grand tableau du même maître. Sur toile. 9 p. et demi sur 12. Encadré.

HUNTORST (Gérard).

52. Un homme caressant son chien. Sur toile. 26 p. sur 31. Sans cadre.

HUE (Jean-François).

53. Paysage représentant un repos de chasse. Sur le devant est une nappe d'eau qui réfléchit de grands arbres. Les chasseurs sont descendus de cheval et se reposent dans la forêt. A gauche est une pelouse verte où paissent quelques vaches. Ce tableau est d'une grande fraîcheur et d'un beau fini. Sur toile. 34 p. sur 26. Encadré.

54. Joli paysage, représentant un moulin couvert d'arbres plantés le long d'une petite rivière. Ce tableau est d'un beau fini et d'une aimable fraîcheur. Sur toile. 24 p. sur 16. Encadré.

55. Petit paysage, représentant une vue de Montmorency : étude d'après nature. Sur toile. 22 p. sur 17. Encadré.

56. Petit paysage, soleil levant, orné de figures. Ce tableau, vigoureux de ton, est à la fois d'une grande fraîcheur et d'une grande légèreté de touche. Sur toile. 15 p. sur 12. Encadré.

57. Grand tableau capital, représentant le naufrage de Virginie. Ici l'artiste rivalise le poëte, et le pinceau lutte à force égale avec la parole. C'est l'image vivante d'une de ces scènes de la nature à la fois sublimes et terribles, qui ébranlent les âmes les plus fortes et les remplit d'une terreur religieuse, quand la mer en courroux semble se soulever contre le ciel, et vouloir briser les entraves que la main de l'Éternel lui a imposées. Une sombre teinte est ré-

pandue dans tout ce tableau. Aux sommets de montagnes dont les masses brunes s'enlèvent sur un ciel chargé de nuages, et dont l'azur n'est aperçu qu'au travers de quelques trouées, brillent çà et là des feux qui, poussés par le vent, tracent à l'horizon de longues lignes rougeâtres. Le vaisseau, engagé dans des écueils, privé d'une partie de ses agrès, et près d'être englouti, élève au milieu des vagues sa proue mutilée, sur laquelle, en regardant avec attention, l'œil distingue Virginie à ses vêtemens blancs. Près du vaisseau nagent épars les malheeurux naufragés qui cherchent à se soustraire à une mort certaine, et que les habitans de l'île s'empressent de secourir. Au milieu de cette scène déplorable, sur un éclat de rocher avancé dans la mer, Paul attire les regards. Dépouillé de ses habits et attaché à une corde par le milieu du corps, il se précipite au sein des flots, dont chacun est un abîme immense. Diverses figures d'assez grande dimension peuplent le devant de ce tableau tout poétique, auquel se rattache désormais le souvenir de deux grands hommes. Sur toile. 72 p. sur 54. Encadré. Conviendrait pour un musée royal.

58. Paysage avec figures. Ce tableau, riche de détails, est d'un beau fini et d'une grande fraîcheur. Sur toile. 30 p. sur 24. Encadré.

59. Grande marine de forme longue, représentant la tour de Téracine, chemin de Naples. Mer après l'orage. Une teinte d'un noir bleuâtre est répandue sur les flots. Le ciel commence à s'éclaircir à l'horizon. Ce tableau, simple de composition; mais plein de verve et du plus beau fini, ferait, comme marine,

l'ornement d'un musée royal. Sur toile. 60 p. sur 36.
Belle bordure.

60. Paysage, heure de midi. Sujet de Bélisaire. Sur toile. 24 p. sur 19. Encadré.

61. Même sujet. Le vieillard est assis sur un banc de pierre, à l'ombre de grands arbres. Près de lui est son casque; à ses pieds repose endormi le jeune enfant qui lui sert de guide. Une teinte mélancolique règne dans ce tableau, dont la composition est en parfaite harmonie avec la tristesse et la grandeur du sujet. Sur toile. 32 p. sur 24. Encadré.

62. Paysage, soleil au-dessus de l'horizon. Ce tableau, riche de composition et brillant de lumière, est un des plus beaux du maître. Sur bois. 11 p. sur 19. Encadré.

63. Beau paysage orné de figures, dix heures du matin. Un lac, dont les eaux viennent tomber en cascade sur le devant, répand une agréable fraîcheur dans ce tableau où l'air circule. Sur toile. 28 p. sur 22. Encadré.

64. Paysage avec baigneuses, six heures du soir. Ce tableau, vigoureux de ton, est d'un beau fini. Sur toile. 24 p. 20. Encadré.

65. Mer au commencement de l'orage. L'œil peut à peine soutenir l'éclat du soleil, qui, un peu au-dessus de l'horizon, éclaire le sommet des vagues d'une lumière sinistre. Un fort s'élève en ombre au milieu des eaux. Sur le devant, en proie à la tourmente, est une barque que des rameurs s'efforcent

de diriger. Telle est la composition toute simple de ce tableau d'une touche vigoureuse et savante, et tout empreint du génie du peintre. Sur toile. 27 p. sur 22. Encadré.

66. Petit tableau représentant un mariage de village, de la jeunesse du peintre. Paysage, figures principales. Sur toile. 20 p. sur 17. Encadré.

67. Belle marine : soleil au-dessus de l'horizon, masqué par une tour. Tableau orné de figures. Sur toile. 34 p. sur 26. Encadré.

68. Grande marine : mer agitée. Tableau très-capital du maître. Riche de composition et de poésie, c'est le dernier chant du cygne. L'artiste l'avait fait pour l'exposition de 1824. Il y travaillait encore huit jours avant son décès. On dirait que les grands hommes ont un génie qui veille sur eux, et les avertit à l'avance quand le terme est arrivé ; car alors généralement on les voit rassembler toutes leurs forces et se montrer dans tout leur état. Tel le soleil, près de disparaître sous l'horizon, est plus beau, plus radieux qu'à son lever. Déjà en contact en quelque sorte avec l'immortalité qui les embrasse, ils semblent revêtir une nouvelle jeunesse et s'apprêter à fournir une carrière immense ; et en effet, une nouvelle ère commence pour eux. Souvent trop négligés pendant leur vie, les peuples se disputeront l'honneur de les avoir vus naître, et leurs ouvrages immortels perpétueront leur nom dans le souvenir des hommes.

Ce tableau ne sera vendu qu'à la condition expresse que l'acquéreur sera tenu de l'exposer au salon prochain. Sur toile. 46 p. sur 36. Beau cadre.

69. Belle marine : soleil couchant. Sur toile. 54 p. sur 45. Encadré.

70. Belle étude terminée, représentant une cascade de Tivoli, faite sur les lieux. Sur toile. 27 p. sur 36. Encadré.

71. Grand paysage orné de figures. Tableau d'un bel effet et d'un beau fini. Sur toile. 42 p. sur 32. Encadré.

72. Grande marine : soleil couchant. Tableau capital. Sur le devant, à gauche, sont de grandes colonnes, reste d'un monument, un vase brisé et de grands arbres. La mer est couverte de barques chargées de rameurs; un fort s'avance au milieu des eaux. Des montagnes terminent l'horizon. Sur toile. 60 p. sur 48. Encadré.

73. Paysage orné de figures. Sur le devant, à droite, sont les cascades de Tivoli; un pont coupe la vue en deux parties et sépare un lac qui s'étend jusqu'à l'horizon, terminé par des montagnes. Ce tableau, le dernier du maître, est d'une touche légère et savante, d'une grande finesse de ton, d'un beau fini, et réunit à l'heureuse facilité de la jeunesse de l'artiste toute l'expérience de l'homme profondément versé dans son art. Sur toile. 42 p. sur 34. Encadré. Ne sera vendu qu'à la condition expresse que l'acquéreur sera tenu de l'exposer au salon prochain.

74. Petite marine : mer calme; de la jeunesse du maître. Sur toile. 21 p. sur 17. Encadré.

75. Grand clair de lune : mer calme, figures de

grandeur naturelle, sujet de naufragés. Sur un rocher nu au milieu de la mer, un homme tient sur ses genoux sa femme et son enfant morts; lui-même près d'expirer. Ce tableau, peut-être unique dans les fastes de la peinture, est étonnant d'harmonie et d'un effet terrible : il a été exposé au salon il y a quelques années, et a fait dans le temps beaucoup d'honneur à l'artiste. Il convient pour un musée royal ou pour une riche galerie. Sur toile. 106 p. sur 82. Avec baguettes.

76. Marine de forme longue : mer après l'orage; figures principales : un homme et sa femme, tenant son enfant encore à la mamelle, jetés par la tempête sur un rocher au milieu de la mer, aperçoivent un vaisseau dans le lointain. L'espoir renaît au cœur de ces malheureux naufragés. Le peintre donnait à ce tableau, qu'il affectionna beaucoup, le nom de *rayon d'espoir*. Sur toile. 41 p. sur 27. Encadré.

KAREL (du Jardin).

77. Sujet d'animaux, paysage accessoire. Sur le devant une femme trait une chèvre blanche; figure principale. Sur toile. 20 p. sur 16. Encadré.

LANTARA.

78. Paysage, soleil couchant. Sur toile. 24 p. sur 20. Encadré.

79. Pendant. Une matinée. Sur toile. 24 p. sur 20. Encadré.

80. Quatre petits tableaux médaillons représen-

tant des paysages. Sur carton. 2 p. et demi sur 1 p. 9 lignes. Encadrés. Cadres pareils : tous quatre faisant pendans.

LAURI (Philippe).

81. Paysage ; figures principales : un ermite sur le bord de la mer avec un enfant nu. Tableau allégorique, d'un beau ton et d'un joli fini. Sur bois. 9 p. sur 12. Encadré.

82. Pendant paysage; figure principale : un homme assis à l'ombre de grands arbres qui masquent un bel édifice, et vis-à-vis d'une fontaine dont l'eau s'échappe en jet. Sur bois. Même grandeur, même bordure.

MARIA (Christi).

83. Tête de femme coiffée d'un turban. 72 p. sur 36. Encadré.

MARTIN (Saint).

84. Paysage. Étude d'après nature. Sur toile 16 p. sur 10. Encadré.

MAUMERCE.

85. Un pâtre endormi et ses moutons. Joli tableau sur bois. 13 p. sur 10. Encadré.

MEULEN (Vander).

86. Tableau représentant une marche militaire; nombreuses figures. Sur bois. 8 p. sur 6. Encadré.

87. Pendant représentant une marche de cavalerie. Sur bois. Même grandeur, même bordure.

88. Paysage de forme ronde avec figures. Sur bois. Diamètre 9 p. Riche bordure.

89. Pendant. Paysage avec figures. Sur bois. Même grandeur, même bordure.

MICHEL-ANGE (de CARRAVAGE).

90. Tableau représentant un Christ que l'on va mettre en croix. Sur toile. 23 p. sur 23. Encadré.

MIEL (Jean).

91. Des militaires fumant et jouant aux cartes dans un endroit écarté d'un vieux château, avec échappée de paysage. Sur le devant est une vieille rosse blanche qu'un valet d'écurie fait boire. Tableau très-capital du maître, riche de composition et de détails, et très-précieux sous le rapport du coloris. Sur toile. 37 p. sur 27. Encadré.

92. Tableau ovale représentant un garçon d'auberge donnant à boire à un cavalier sur la porte d'un cabaret. Sur le devant sont trois levriers, et un cheval blanc vu à mi-corps. Sur toile. 8 p. sur 10. Encadré.

MIERIS (Van).

93. Tableau rare, du fini le plus précieux. Le sujet est une jeune dame en tête à tête avec son médecin, suivant toute apparence : devant eux est une table couverte d'un riche tapis, et sur laquelle sont placés un vase et une assiette remplie de dragées. La jeune dame tient de la main gauche un verre à pied mi-plein, et sourit au docteur, qui, la main gauche négligemment appuyée sur l'épaule gauche

de la jeune dame, semble lui tâter le pouls de l'autre main. Ce charmant tableau, qui gagne encore à être vu à la loupe, ferait l'ornement du cabinet d'un riche amateur. Sur cuivre. 9 p. sur 11. Encadré.

MOTTE.

94. Tableau capital représentant des trompe-œil, d'une grande vérité. Sur toile. 28 p. sur 32. Sans cadre.

95. Pendant. Sur toile. Même grandeur. Sans cadre.

MURILLO.

96. Deux femmes espagnoles faisant de la musique. Sur toile. 28 p. sur 32. Sans cadre.

OSTADE (Adrien Van).

97. Petite tête d'homme coiffé d'un bonnet. Figure grotesque. Sur bois. 3 p. et demi sur 4. Encadré.

OSTADE (Jean Van).

98. Famille flamande. Homme, femme, enfans, vieillard, rassemblés autour d'un tonneau. Sur le devant, à droite, est une figure grotesque coiffée d'un bonnet, souriant à un verre mi-plein qu'elle s'apprête à vider. Sur bois. 11 p. sur 8 et demi. Encadré.

PANNINI (J. Paul).

99. Tableau en hauteur représentant divers monumens d'architecture. Belles et nombreuses figures. Sur toile. 28 p. sur 37. Baguettes dorées.

100. Pendant. Même sujet. Sur toile. Même grandeur, même cadre.

PATEL.

101. Petite scène champêtre; figures principales, dont une jeune femme se baignant les pieds. Fort joli tableau du maître. Sur toile. 15 p. sur 12. Encadré.

POELEMBOURG.

102. Joli paysage; figures principales. Sujet : Pan et Syrinx. Tableau d'un fini moelleux et d'une grande fraîcheur. Sur bois. 9 p. sur 11. Encadré.

POUSSIN (Gouaspre).

103. Paysage de forme ovale représentant une chute d'eau. Petite figure. Sur toile. 11 p. sur 9 et demi. Encadré.

POUSSIN.

104. Philoctète dans l'île de Lemnos, esquisse très-avancée. Le héros, placé dans un site sauvage au pied d'un rocher, découvre sa plaie; il pousse un cri, son corps est agité d'un mouvement convulsif. Sur le sol, près de lui, est son arc, son carquois et l'aile d'un oiseau de proie. Sur toile. 12 p. sur 15. Encadré.

REMBRANDT.

105. Portrait d'homme ayant une toque sur la tête, une fourrure à son habit et un collier d'or au cou lui tombant sur la poitrine. Sur bois. 22 p. sur 17. Encadré.

RIKAR (David).

106. Intérieur rustique, représentant des fumeurs

à table. Tableau capital du maître, d'un ton suave et comparable aux plus belles œuvres de Teniers, pour la finesse de l'expression. Sur bois. 29 p. sur 21. Encadré.

ROTTEN-HAMER.

107. Vénus et les Amours perçant de leurs flèches un sanglier. Sur toile. 45 p. sur 32.

RUBENS.

108. Deux Amours environnés de pampres, pressant des raisins dans une coupe d'or. Joli tableau. Sur bois. 12 p. sur 9. Encadré.

109. Intérieur d'étable. Sur le devant sont deux bœufs vus à mi-corps, différens légumes et ustensiles, un chien; le fond est un paysage. Tableau précieux dans ce genre, vu qu'il en existe peu du maître. Sur toile. 20 p. sur 17. Encadré.

RUISDAEL (Salomon).

110. Petit paysage représentant une neige. Sur bois. 12 p. sur 9 et demi. Encadré.

SALSOFÉRATE.

111. Une Vierge priant. Sur toile. 15 p. sur 19. Encadrée.

STELLA.

112. Beau paysage; figures principales, sujet allégorique: des amours cherchent à attraper un lapin, qui s'échappe au milieu d'eux. Une femme se regardant dans un miroir près d'une fontaine en forme de vase, d'où l'eau jaillit et retombe dans un grand

bassin. Tableau capital du maître, digne de l'Albane. sur toile. 42 p. sur 35. Encadré.

113. Sacrifice à Cérès. Plusieurs figures d'hommes, de femmes et d'enfans, la tête couronnée de fleurs, portant des corbeilles de fruits et des gerbes de blé, se rendent au temple de la déesse, placé à droite du tableau, et élevé sur des pilastres carrés. Sur toile. 21 p. sur 14. Encadré.

SUAGER.

114. Jolie petite marine d'un beau ton et d'un fini précieux. Sur bois. 11 p. sur 8. Encadré.

SUEUR (Le).

115. Un Christ en croix. Ce tableau est d'un fini précieux ; la tête est sublime d'expression. Sur cuivre. 13 p. sur 18. Encadré.

TAILLASSON.

116. Esquisse. Sujet historique romain. Sur toile. 15 p. sur 14. Encadré.

TENIERS (David).

118. Deux figures de vieilles gens, homme et femme, vus à mi-corps. Très-beau tableau Sur bois. 8 p. sur 10. Encadré.

119. Deux figures de fumeurs arrangeant leur pipe auprès d'une table sur laquelle est une cruche. Sur bois. 8 p. sur 9 et demi. Encadré.

TILBORH.

117. Intérieur rustique; figures principales : un

homme et une femme appuyés sur un tonneau sur lequel est un plat d'étain; l'homme tient un verre à la main droite, et a l'autre main sur l'épaule de la femme; derrière eux une vieille entr'ouvre une porte et paraît les guetter; dans le fond sont des figures jouant aux cartes; sur le devant, divers légumes et ustensiles. Très-joli tableau du maître. Sur toile. 19 p. sur 15. Encadré.

UNDER-KOTER.

120. Un coq et des poules. Sur bois. 14 p. sur 10 et demi. Encadré.

VALENTIN.

121. Un joueur de flûte. Fort beau tableau. Sur toile. 24 p. sur 31. Bordure antique.

VANACHE.

122. Paysage avec figures d'hommes et d'animaux. Jolie composition. Sur toile. 23 p. sur 17. Encadré.

VATTO.

123. Joli petit tableau représentant une scène pastorale. Touche spirituelle, figures pleines d'expression. Sur bois. 9 p. sur 5 et demi. Encadré.

VEENINX (J. B.).

124. Paysage représentant des ruines. Hommes et animaux, figures principales : tableau capital, et un des plus fins du maître. Sur bois. 16 p. sur 21. Encadré.

VERANDAL.

125. Tableau représentant des fleurs, roses, tulipes, etc., etc. Sur toile. 10 p. sur 14. Encadré.

VERNET (Joseph).

126. Tableau très-capital représentant un incendie de nuit. Une ville entière est la proie des flammes ; les bâtimens s'écroulent de tous côtés ; une tour énorme résiste encore et se détache en masse rougeâtre sur le ciel. Un pont traverse le fleuve couvert de barques, et dont les eaux réfléchissent l'incendie. Sur le devant, à droite, est un pan de muraille encombré d'une multitude de monde. Une grande chaloupe reçoit les hommes, les femmes, les enfans, qui emportent avec eux ce qu'ils ont pu sauver. Un grand arbre branchu, et en partie dépouillé de son feuillage, traverse obliquement ce beau tableau. Sur toile. 28 p. sur 29. Belle bordure.

127. Mer après l'orage. Un sombre poétique est répandu dans le ciel et sur les flots. Ce tableau, de son temps d'Italie, est, comme marine, un des plus beaux du maître. Sur toile. 24 p. sur 18. Encadré.

128. Petite marine, étude terminée, de son temps d'Italie. Sur toile. 13 p. sur 9 et demi. Encadré.

VIF (Vander).

129. Tableau d'un fini précieux représentant des ruines et divers monumens antiques, nombreuses figures. Sur bois. 13 p. sur 10. Encadré.

130. Tableau faisant pendant. Même sujet, nombreuses figures sur bois. 12 p. et demi. sur 10. Encad.

WOLFERT (B.).

131. Tableau en hauteur, sujet d'animaux. Sur bois. 18 p. sur 24. Encadré.

132. Pendant. Même sujet. Sur bois. 18 p. sur 24.

WOUVERMANS (Philippe).

133. Tableau représentant une attaque de cavalerie. Sur toile. 15 p. sur 11. Encadré.

134. Petit sujet rustique, hommes et animaux. Figure principale, une vieille rosse blanche. Tableau précieux et un des plus finis du maître. Sur bois. 15 p. sur 13. Encadré.

WOUVERMANS.

135. Tableau représentant une halte devant des tentes. Sur toile. 29 p. sur 24. Encadré.

136. Une distribution d'aumônes à des pauvres. Joli tableau, et d'un fini précieux. Nombreuses figures. Sur

WOUVERMANS (Jean).

137. Sujet rustique. Un paysan monté sur un cheval blanc attelé à une charrette, faisant claquer son fouet : à côté est un chien qui aboie. Sur bois. 10 p. sur 13. Encadré.

ZACARO.

138. Tableau représentant Jésus-Christ sur les genoux de la sainte Vierge. La Madelaine pleure sur son corps; deux anges supportent, l'un sa tête, l'autre son bras gauche. Sur toile. 27 p. sur 36. Encadré.

---

139. Petite marine : mer calme, soleil levant. Son disque commence à paraître au-dessus de l'horizon. Tableau précieux que l'artiste estimait à l'égal d'un Claude Lorain. Signé, mais impossible de lire le nom. Sur toile. 17 p. sur 10. Encadré.

Études, Dessins, Gravures.

1. Grand dessin représentant des Naufragés sur un rocher nu au milieu de la mer, d'après le tableau original de M. Hüe; par M. Bouillon. Encadré.

2. Grand dessin représentant un clair de lune; par M. Hüe. Encadré.

3. Grand dessin; par M. Hüe fils (Alexandre). Paysage. Encadré.

4. Paysage en crayon représentant une petite danse; par le même. Encadré.

5. Dessin représentant un paysage, sujet les Madianites; par M. Hüe.

6. Portefeuille contenant grand nombre de gravures, dont beaucoup de Pyranèse.

7. Portefeuille contenant estampes, croquis et études; par M. Hüe.

8. Portefeuille contenant 56 études peintes sur toile et sur carton, dont beaucoup d'études d'Italie; par M. Hüe.

9. Deux dessins allégoriques de Boissieau.

10. Grand dessin croquade représentant le passage du Danube; par M. Hüe.

11. Grand dessin du naufrage de Paul et Virginie.

12. Galerie de Farnèse dans un volume, d'après Annibal Carrache; par Aquilla.

13. Un volume renfermant la vie de la Vierge ; par Poussin, gravé en rouge.

14. Portefeuille contenant une partie des gravures formant les œuvres de Poussin ; par Gérard Audran, Poissy et autres.

15. Portefeuille contenant gravures de paysages et autres.

16. Portefeuille contenant des figures académiques et autres ; papier à dessin.

17. Volume de voyage de la Haute et Basse-Égypte avec historique ; par Denon.

18. 75 études d'Italie et des environs, études capitales et terminées de M. Hûe.

19. 36 dessins capitaux au crayon et au lavis, paysages et autres sujets de M. Hûe.

20. 1 Lantara, 3 Greuse, 1 Hennequin et 2 têtes de Will le fils.

21. 36 pièces faisant partie des œuvres de Poussin ; par Gérard, Audran, Poilly et autres.

22. Grand nombre de petites études de M. Hûe.

23. Les œuvres de Casas contenant 28 livraisons.

24. Dessin de Lantara représentant 1 paysage.

25. 2 dessins de Casanova. Encadrés.

26. Petit dessin de Greuze représentant une mère grondant sa fille. Encadré.

27. Dessin de Palmery représentant un homme appuyé sur un cheval. Encadré.

28. Trois petits dessins dont 2 de Boucher, et l'autre de Van Develde. Encadré.

29. Grand dessin représentant le port de Granville; par M. Hûe. Sans cadre.

30. 20 grandes gravures. Sans cadre.

31. Un lot de papier blanc anglais, grand format.

32. Un lot de gravures d'après les tableaux de M. Hûe.

33. 72 petits croquis au crayon sur carton et papier.

34. 8 rouleaux contenant des ports de France, par M. Hûe.

Bagues antiques, têtes gravées en relief sur agathe de différentes couleurs, bague antique faisant cachet, tête de Janus, cheminée en marbre, vases en bronze doré, terres cuites, par Chaudet, petit enfant de François, Camée, chevalet, boîte à couleur en acajou, etc, etc.

FIN.

121 — 44
104 — 38. 50
27 —
57 . 71
90 . 54
52 . 50
24 8 . 50
51 . 71

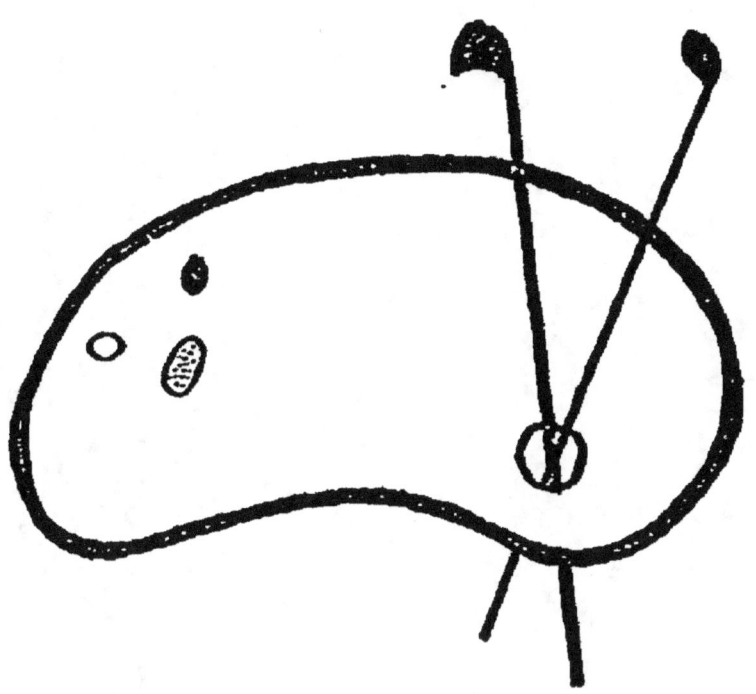

ORIGINAL EN COULEUR
NF Z 43-120-8

www.ingramcontent.com/pod-product-compliance
Lightning Source LLC
Chambersburg PA
CBHW030100230526
45471CB00003B/1174